La luna de la Tierra

Christina Hill

Asesor

Sean Goebel, M.S.
University of Hawaii
Institute for Astronomy

Teacher Created Materials

5301 Oceanus Drive
Huntington Beach, CA 92649-1030
http://www.tcmpub.com

ISBN 978-1-4258-4689-3

© 2017 Teacher Created Materials, Inc.
Printed in China
51497

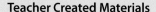

Contenido

Misterios de la Luna

Caminar bajo una blanca y brillante Luna es una sensación maravillosa. Por eso, la Luna ha sido objeto de adoración por miles de años. Las personas admiran su poder sobre las mareas, las plantas y los animales. Ha inspirado hechizos, canciones e historias. Y por mucho tiempo nos hemos preguntado acerca de sus misterios.

¿Alguna vez te has preguntado por qué la Luna parece cambiar? A veces, es una luna llena. Parece un gran círculo. Otras veces, es una tajada diminuta. Y algunas veces, la Luna no se puede ver en absoluto.

Una mirada más en detalle

Los **astrónomos** estudiaron la Luna con atención en el siglo XVII. Un científico italiano llamado Galileo fue una de las primeras personas en usar un telescopio para dibujar la Luna. Le permitió ver la superficie de la Luna con más claridad.

Con la Luna, las cosas no siempre son lo que parecen. A veces parece que la Luna cambia de forma. Pero en realidad no cambia. **Orbita** alrededor de la Tierra. Es un movimiento simple. Pero los movimientos de la Luna tienen grandes efectos. Y hoy en día, los científicos siguen resolviendo sus múltiples misterios.

Festival de faroles

Yi Peng es un festival en Tailandia en el que se liberan miles de faroles de papel al cielo nocturno para la buena suerte. El festival se celebra durante la luna llena en noviembre.

Las fases de la Luna

La Tierra y la Luna siempre están en movimiento. La Tierra **gira** alrededor del Sol. Y la Luna gira alrededor de la Tierra. La Tierra también gira como un trompo. Cada día, la Tierra da una rotación completa.

La Luna orbita alrededor de la Tierra cerca de una vez al mes. Cada año, la Tierra y la Luna completan su revolución alrededor del Sol.

Vueltas en círculo

La Tierra rota sobre su eje al mismo tiempo en el que gira alrededor del Sol.

Un golpe de suerte

¿De dónde viene la Luna? Los científicos llaman a ese episodio el *Gran Impacto*. Creen que la Tierra colisionó con un objeto más pequeño hace unos 4,500 millones de años. Cuando ambos objetos chocaron, enviaron grandes trozos de roca volando al espacio. Con el tiempo, estas rocas se reunieron para formar la Luna. (Los colores en la imagen muestran cómo los objetos se calentaron más después de la colisión).

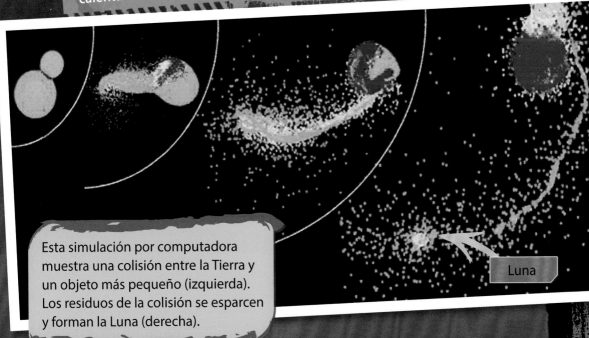

Luna

Esta simulación por computadora muestra una colisión entre la Tierra y un objeto más pequeño (izquierda). Los residuos de la colisión se esparcen y forman la Luna (derecha).

La Luna puede parecer brillante en el cielo de la noche. Puede parecer que está produciendo mucha luz. Pero, a diferencia del Sol, la Luna no produce nada de luz. En cambio, refleja la luz del Sol. La luz de Luna que vemos es, en realidad, el reflejo de la luz solar.

Hace mucho tiempo, las personas no tenían calendarios o relojes como tenemos hoy. En cambio, **observaban** los cambios de la Luna por la noche. Usaban la Luna para registrar el tiempo.

Cada día del mes, la Luna se mueve. La luz solar impacta diferentes partes de la Luna mientras rota. La Luna no cambia de forma. Pero la vemos diferente desde la Tierra. La razón es que solo podemos ver la parte iluminada por el Sol. La otra parte de la Luna está en la sombra del Sol. Nos parece oscura.

CALENDARIO LUNAR

VINTAGE DESIGN COLLECTION

Enero	4	MAR. 09:05	12	MIÉ. 11:31	19	MIÉ. 21:21	26	MIÉ. 12:57		
Febrero	3	JUE. 02:31	11	VIÉ. 07:18	18	VIÉ. 08:36	24	JUE. 23:26		
Marzo	4	VIÉ. 20:46	12	SÁB. 23:45	19	SÁB. 18:10	26	SÁB. 12:07		
Abril	3	DOM. 15:32	11	LUN. 13:05	18	LUN. 03:44	25	LUN. 03:47		
Mayo	3	MAR. 07:51	10	MAR. 21:33	17	MAR. 12:09	24	MAR. 19:52		
Junio	1	MIÉ. 22:03	9	JUE. 03:11	15	MIÉ. 21:13	23	JUE. 12:48		
Julio	1	VIÉ. 09:54	8	VIÉ. 07:29	15	VIÉ. 07:40	23	SÁB. 06:02	30	SÁB. 19:40
Agosto	6	SÁB. 12:08	13	SÁB. 19:58	21	DOM. 22:55	29	LUN.		
Septiembre	4	DOM. 18:39	12	LUN. 10:27	20	MAR. 14:35				
Octubre	4	MAR. 04:15	12	MIÉ. 03:06	20	JUE. 04:30				
Noviembre	2	MIÉ. 16:38	10	VIÉ. 20:16	18	VIÉ. 15:09				
Diciembre	2	VIÉ. 09:52	10	SÁB. 14:36	18	DOM. 00:48				

LUNA NUEVA · CUARTO CRECIENTE · LUNA LLENA · CUARTO MENGUANTE

Calendario lunar

Debido a que hay un poco más de 12 meses lunares en un año lunar, el calendario lunar no coincide del todo con nuestro calendario moderno. Pero el calendario islámico sigue usando el sistema lunar para marcar los feriados religiosos.

Hace mucho tiempo, las personas se dieron cuenta de que la Luna sigue el mismo patrón cada cuatro semanas. También aprendieron que la Luna tiene ocho fases. Una fase se produce cada vez que la Luna parece cambiar de forma.

La primera fase de la Luna se llama *luna nueva*. Se produce cuando la Luna está entre la Tierra y el Sol. El lado de la Luna que está frente a nosotros está en la sombra. No podemos ver nada de ella. Durante esta fase, la Luna está más cerca del Sol en el cielo, y ambos salen y se ponen en horas similares.

La Luna orbita alrededor de la Tierra. Después de algunos días, una pequeña tajada de Luna comienza a aparecer. Esta fase se llama *luna* **creciente**. Se dice que la Luna es creciente cuando parece crecer en el cielo. Pero, de hecho, la Luna no está aumentando de tamaño. Poco a poco, más de la Luna es iluminada cada noche.

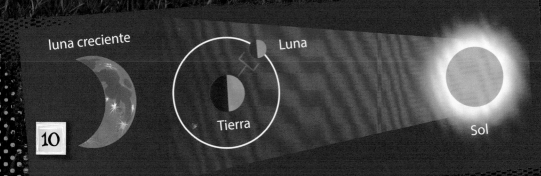

luna creciente

Luna

Tierra

Sol

El lado lejano de la Luna

La Luna rota casi a la misma velocidad que gira alrededor de la Tierra. Esto significa que el mismo lado de la Luna siempre mira al planeta. El lado lejano de la Luna únicamente ha sido fotografiado por naves espaciales. Elige un amigo para ver cómo funciona.

1. Imagina que eres la Tierra. Gira en tu sitio muy despacio para representar el paso de un día.
2. Pide a tu amigo que haga de cuenta que es la Luna. La Luna debe rotar mientras gira alrededor de ti.
3. Intenten ir a velocidades diferentes hasta que encuentren una velocidad a la que, cada vez que veas la Luna, veas la cara de tu amigo. Así es como la Luna orbita la Tierra.
4. Ahora, busca a otro amigo para que sea el Sol. Como la Tierra, girarás lentamente alrededor del Sol. Y la Luna seguirá girando a tu alrededor. Observa para ver quién se mueve más rápido y quién más lento.

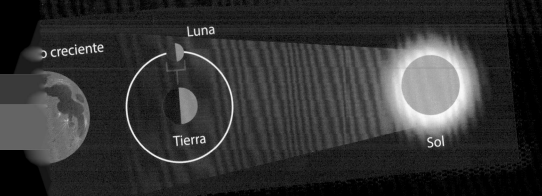

o creciente

Luna

Tierra

Sol

ientras la Luna viaja alrededor de la Tierra, la parte que
mos ver aumenta de forma a una creciente más grande.

to, veremos una mitad de la Luna. Sucede cuando la Luna
rminado un cuarto de su recorrido alrededor de la Tierra.
so, esta fase se llama *cuarto creciente*. La Luna será visible
nera mitad de la noche. Luego, la Luna se pondrá antes de
lga el Sol. Esto deja al cielo en la oscuridad en las primeras
de la mañana.

siguiente fase es la *gibosa creciente*. Durante esta fase, la
e ve casi completamente llena. La Luna se puede ver en el
mayor parte de la noche.

Alineados

Un eclipse solar se produce cuando la Luna
pasa entre la Tierra y el Sol, bloqueando
todo o parte del Sol. Un eclipse lunar se
produce cuando la Tierra pasa entre la Luna
y el Sol, y la sombra de la Tierra oculta la
Luna o una parte de esta.

gibosa creciente

Luna

Tierra

Sol

luna gibosa
creciente

13

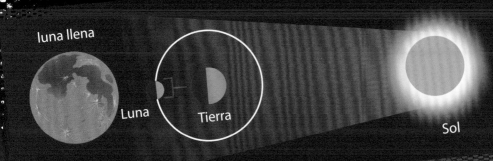

luna llena

Luna

Tierra

Sol

La Luna sigue girando alrededor de la Tierra. Por fin, ¡podemos ver la luna llena! Durante esta fase, la Luna se asomará en el cielo por el este. El Sol se pone por el oeste. El círculo gigante brillará toda la noche. La fase de la luna llena marca el punto medio del recorrido de la Luna alrededor de la Tierra. Luego, las fases vuelven a comenzar. Pero esta vez, en el orden inverso. La Luna debe hacer su recorrido hasta el otro lado de su órbita. La Luna atravesará otras tres etapas. Parecerá achicarse más y más. En esta fase, se dice que la Luna es **menguante.**

Aunque la Luna se ve redonda desde la Tierra, su forma es algo similar a la de un huevo. El extremo más grande es el que apunta hacia la Tierra.

Luna azul

¿Alguna vez has oído hablar de una *luna azul*? Una luna azul no es algo que suceda con frecuencia. Se trata de la segunda luna llena en un mismo mes. También puede ser la tercera luna llena en una estación con cuatro lunas. ¡Es muy poco frecuente!

Nombres lunares

La luna llena de cada mes tiene un nombre diferente.

Enero

D	L	M	M	J	V	S
			1	2	3	4
5	6	7	8	9	10	11
12	13	14	15	16	17	18

luna del lobo

Febrero

D	L	M	M	J	V	S
						1
2	3	4	5	6	7	8
	11	12	13	14	15

luna de la nieve

Marzo

D	L	M	M	J	V	S
						1
2	3	4	5	6	7	8
			14	15
23	24				
30	31

luna del gusano

Abril

D	L	M	M	J	V	S
		1	2	3	4	5
6	7	8	9	10	11	12
13		16	17	18	19
20					
27					

luna rosada

Mayo

D	L	M	M	J	V	S
				1	2	3
4	5	6	7	8	9	10
11	12	13	14	15	16	17

luna de las flores

Junio

D	L	M	M	J	V	S
1	2	3	4	5	6	7
8	9	10	11	12	13	14
15	16	17			27	28

luna de la fresa

Julio

D	L	M	M	J	V	S
		1	2	3	4	5
6	7	8	9	10	11	12
	14	15	16	17	18	19

luna del trueno

Agosto

D	L	M	M	J	V	S
					1	2
3	4	5	6	7	8	9
10	11	12	13	14	15	16
				22	23
31					

luna del esturión

Septiembre

D	L	M	M	J	V	S
	1	2	3	4	5	6
7	8	9	10	11	12	13
14	15	16	17	18	19	20
	24	25	26	27	

luna de la cosecha

Octubre

D	L	M	M	J	V	S
			1	2	3	4
5	6	7	8	9	10	11
12	13	14	15	16	17	18
	21	22	23	24	25

luna del cazador

Noviembre

D	L	M	M	J	V	S
						1
2	3	4	5	6	7	8
9	10	11	12	13	14	15
16	17	18	19	20	21	22

luna del castor

Diciembre

D	L	M	M	J	V	S
	1	2	3	4	5	6
7	8	9	10	11	12	13
14	15	16	17	18	19	20
21	22	23	24	25	26	27
28					

luna fría

Durante la *gibosa menguante*, la Luna se ve como una luna llena con una pequeña tajada menos. Después, está el último cuarto menguante. Aquí podemos ver la mitad de la Luna iluminada. La octava fase se llama *luna menguante*. Durante esta fase, podemos ver solamente una pequeña tajada de la Luna. Luego, la Luna regresará a la fase de luna nueva. La Luna completó una vuelta completa alrededor de la Tierra. Podremos ver la Luna nuevamente después de unos días, cuando ingrese nuevamente a la fase luna creciente.

luna gibosa menguante

Saturno y sus lunas

Muchas lunas

La Tierra no es el único planeta que tiene una luna. Marte tiene dos lunas. ¡Y Saturno tiene muchas lunas! Hasta el momento, los científicos han detectado 53.

La superficie

La Luna es un lugar muy diferente de la Tierra. No existe el agua líquida en la superficie lunar. Significa que no hay océanos, ríos ni lagos. La superficie de la Luna está compuesta por roca y polvo blando.

La superficie lunar está cubierta de agujeros enormes y profundos llamados **cráteres**. Unas rocas inmensas, llamadas *meteoritos*, se chocan con la Luna y dejan cráteres. Cuando chocan, estos meteoritos causan una explosión. La explosión saca a las rocas del centro del cráter.

La Luna también tiene volcanes. Erupcionaron hace mucho tiempo. Pero aún podemos ver las inmensas masas de lava endurecida que dejaron en la superficie lunar.

Rocas lunares

Muchos cráteres están llenos de basalto. El basalto es una roca pesada y de color gris. Casi el 20 por ciento del lado cercano de la Luna es de basalto.

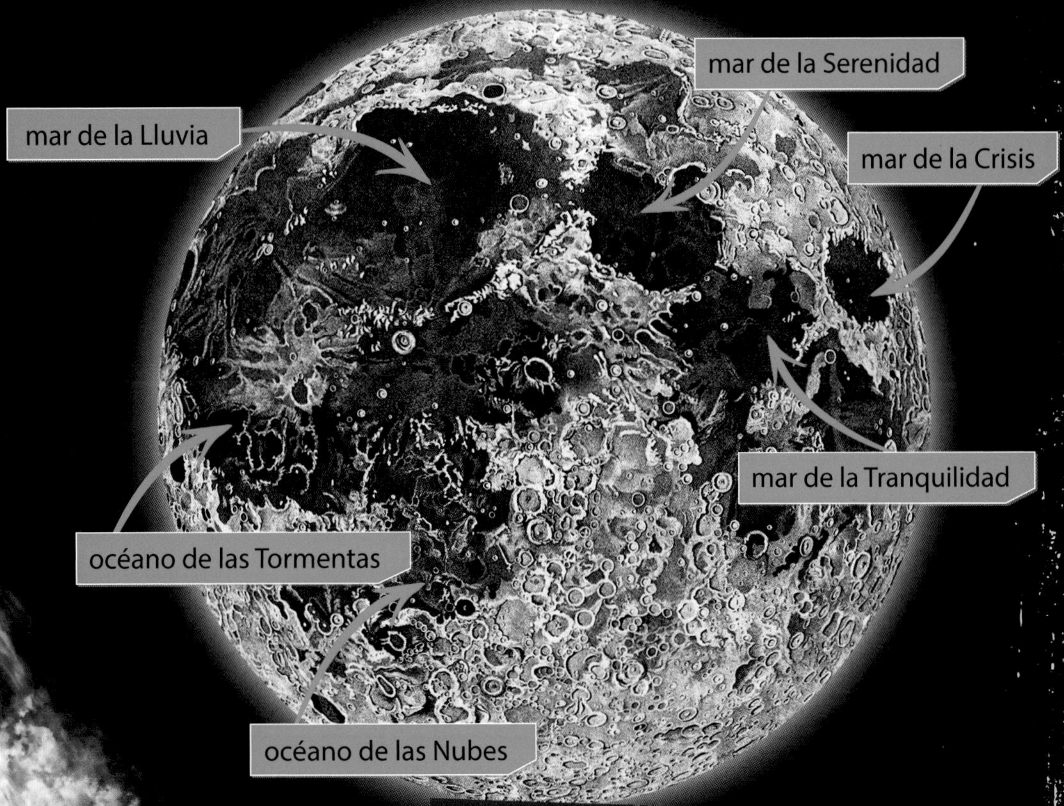

mar de la Serenidad

mar de la Lluvia

mar de la Crisis

océano de las Tormentas

mar de la Tranquilidad

océano de las Nubes

meteoro

Lagos lunares

Cuando Galileo observó por primera vez la Luna a través de un telescopio, pensó que las áreas oscuras que veía eran agua. Las llamó *mares*. Conservaron ese nombre incluso después de que los científicos comprobaran que las áreas oscuras se formaron cuando fluía lava en la Luna.

La atmósfera

En la Luna, no hay viento ni lluvia. A diferencia de la Tierra, la Luna no tiene tiempo atmosférico. Esto se debe a que existe poco aire que rodea a la Luna. El aire que rodea a la Tierra evita que las temperaturas sean demasiado bajas o demasiado altas. También crea el tiempo atmosférico. Ya que la Luna no tiene esta capa de aire, puede hacer mucho calor durante el día y mucho frío durante la noche.

A veces, podría parecer que la Luna cambia de color. Pero tiene que ver más con el aire de la Tierra que con la Luna en sí. Cuando el aire en el cielo de la Tierra dobla la luz, puede hacer que la Luna parezca roja, naranja, marrón o gris. Cuando la Luna se ve de un rojo intenso, se dice que es una *luna de sangre*.

Sin tiempo atmosférico, toda marca que se hace sobre la superficie de la Luna permanece así durante mucho tiempo. Por eso hay tantos cráteres en la Luna. Si nada las altera, ¡las pisadas que los astronautas dejaron en la Luna podrían seguir allí por 10 millones de años!

Los científicos usan robots y computadoras avanzadas para estudiar la Luna.

Temperaturas extremas

En la Luna, puede hacer tanto frío como -240° Celsius (-400° Fahrenheit). Durante el día, la temperatura puede alcanzar 120 °C (250 °F).

21

Las mareas

¿Has estado alguna vez en el océano? A veces, el nivel del agua es alto en la costa. A esto se le llama *marea alta*. En la marea baja, el nivel del agua desciende. Se puede ver más de la costa. Es la Luna la que causa este movimiento.

La Luna y la Tierra son como imanes. La Luna ejerce una atracción sobre la Tierra. El agua de los océanos de la Tierra también se ve atraída. Esta atracción crea un abultamiento en el agua en ambos lados del planeta. A medida que la Luna y la Tierra rotan, crean dos mareas altas y dos mareas bajas todos los días.

Mareas

Cuando las mareas están muy altas o muy bajas, se llaman *mareas vivas*. El opuesto de las mareas vivas son las mareas muertas. Las mareas muertas solamente crean una pequeña diferencia en el nivel de agua. Ambas ocurren dos veces al mes.

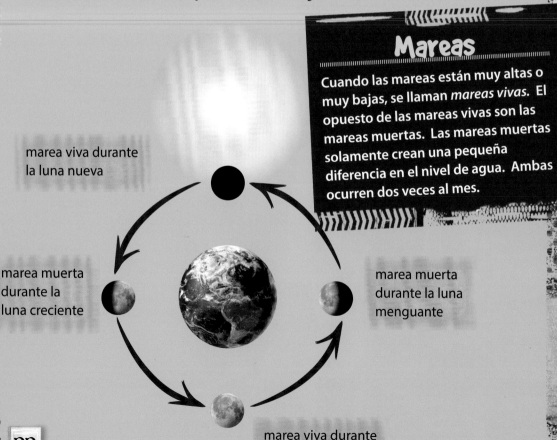

marea viva durante la luna nueva

marea muerta durante la luna creciente

marea muerta durante la luna menguante

marea viva durante la luna llena

marea alta

marea baja

La mayor diferencia de altura de la marea ocurre en la bahía de Fundy en Canadá: ¡15 metros (50 pies)!

El hombre en la Luna

Las personas siempre han tenido preguntas sobre la Luna. Y muchas han soñado con visitarla. Les tomó miles de años. Pero finalmente, en 1969, los astronautas de la NASA Neil Armstrong y Buzz Aldrin aterrizaron sobre la Luna. Fueron las primeras personas en visitar este extraño nuevo mundo. Recolectaron muestras de rocas. Pusieron una bandera de los Estados Unidos. También colgaron un cartel para demostrar que habían estado allí.

La Luna tiene menos **gravedad** que la Tierra. ¡Los astronautas se divirtieron a lo grande saltando allí! La gravedad es una fuerza que nos atrae hacia el suelo. Evita que salgamos flotando. Debido a que había poca gravedad, los astronautas pesaban menos en la Luna. ¡Esto los ayudó a rebotar más alto!

Lo que dejaron

El primer viaje a la Luna fue peligroso. Los científicos no estaban seguros de poder traer a los astronautas de regreso a casa. Para que el viaje fuera más sencillo, querían que los astronautas empacaran pocas cosas. Entonces al regresar, ¡los astronautas dejaron allí bolsas de orina! En la Luna también quedaron martillos, botas y mucha otra basura espacial.

Descubrimiento de la gravedad

Isaac Newton estudió el movimiento de la Luna para comprender mejor la gravedad. Fue el primero en explicar por qué la Luna se queda orbitando alrededor de la Tierra en vez de salir volando hacia el espacio.

órbita de la Luna alrededor de la Tierra

atracción de la Luna y la Tierra entre sí

atracción gravitacional que cambia la trayectoria de la Luna

trayectoria que tendría naturalmente la Luna

Es fácil ver por qué la Luna sigue asombrando a las personas hoy en día. Es el cuerpo **celeste** más cercano a la Tierra. A veces, está solamente a 363,105 kilómetros (225,623 millas) de distancia. Y es el único lugar en el espacio donde han aterrizado los seres humanos. Hasta el momento, solamente 12 personas han caminado en la Luna.

Línea cronológica lunar

Siglo XVII
Por primera vez, los científicos estudian la Luna usando un telescopio.

Siglo XV
Se comprende el movimiento de la Luna en términos matemáticos.

Siglo IV a. C.
Se mide por primera vez la distancia de la Tierra a la Luna.

Tiempos prehistóricos
Las personas observan las fases de la Luna. Las celebran con mitos y leyendas.

La Luna aún guarda muchos misterios. Quedan más preguntas para hacer y responder. Personas de todo el mundo trabajan para que los viajes a la Luna sean más seguros y fáciles. ¡Algún día, encontrar las respuestas a las preguntas lunares podría ser tan sencillo como salir a nuestro propio patio!

La noche internacional para observar la Luna se celebra a principios del otoño, durante la fase de gibosa creciente.

Futuro
¿Llegarán alguna vez los seres humanos a vivir en la Luna?

Siglo XX
Los seres humanos llegan a la Luna. Se usan robots y satélites para estudiar la Luna.

Siglo XVIII
Se usa la Luna para navegar los océanos.

Siglo XIX
Los científicos intentan comprender cómo se formaron los cráteres lunares.

Piensa como un científico

¿Cómo se forman cráteres en la Luna?
¡Experimenta y averígualo!

Qué conseguir

⮑ cacao en polvo

⮑ chispas dulces

⮑ guijarros de diferentes tamaños

⮑ harina blanca

⮑ molde para tarta

Qué hacer

1 Esparce una pulgada de harina en un molde para tarta. Esto representa la roca que está debajo de la superficie de la Luna.

2 Esparce una cucharada de chispas dulces sobre la harina. Las chispas representan las rocas y otros materiales que hay debajo de la superficie de la Luna.

3 Esparce una capa de cacao en polvo encima de las chispas y la harina. Esto representa la superficie de polvo y roca de la Luna.

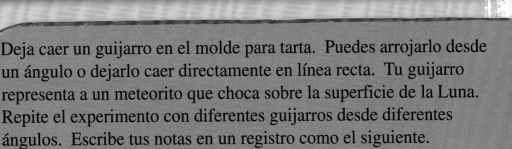

4 Deja caer un guijarro en el molde para tarta. Puedes arrojarlo desde un ángulo o dejarlo caer directamente en línea recta. Tu guijarro representa a un meteorito que choca sobre la superficie de la Luna. Repite el experimento con diferentes guijarros desde diferentes ángulos. Escribe tus notas en un registro como el siguiente.

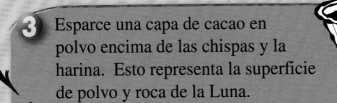

	Tamaño del guijarro	Ángulo de impacto	Cambios en la capa superior (cacao)	Cambios en la capa del medio (chispas)	Dibuja el patrón de impacto.
guijarro 1					
guijarro 2					

Glosario

astrónomos: personas que estudian las estrellas, los planetas y otros objetos en el cielo

celeste: relacionado con el cielo

cráteres: grandes agujeros con forma de tazón en el suelo que producen los meteoritos u otros cuerpos celestes

creciente: que se vuelve más grande

gira: se mueve alrededor de algo en una trayectoria circular

gravedad: una fuerza que actúa entre los objetos, atrayéndolos entre sí

lunar: relacionado a la Luna

menguante: que se vuelve más pequeño

observaban: miraban y escuchaban detenidamente

orbita: se mueve alrededor de algo en una trayectoria curva

Índice

¡Tu turno!

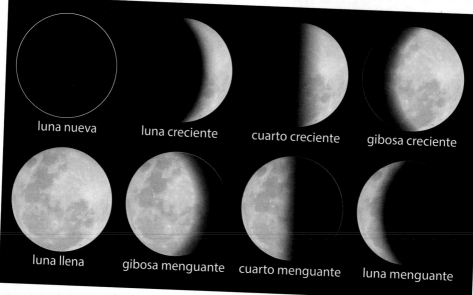

luna nueva   luna creciente   cuarto creciente   gibosa creciente

luna llena   gibosa menguante   cuarto menguante   luna menguante

Mirar la Luna

Estudia el cuadro con las fases de la Luna que está arriba. Luego, observa la Luna. ¿Puedes determinar en qué fase se encuentra la Luna? Intenta recrear la fase lunar con una linterna y una pelota. En una habitación oscura, ilumina la pelota hasta que se parezca a la Luna que ves afuera.